Christoph Cornehl
Worte in Geschenkpapier

AF720954

Christoph Cornehl

Worte in Geschenkpapier

Rediroma-Verlag

Bibliografische Information der Deutschen Nationalbibliothek:
Die Deutsche Nationalbibliothek verzeichnet diese Publikation in der Deutschen Nationalbibliografie; detaillierte bibliografische Daten sind im Internet über http://portal.dnb.de abrufbar.

ISBN 978-3-98527-939-5

Copyright (2023) Rediroma-Verlag

Umschlagillustration: Travis Fultz (shutterstock.com)

Alle Rechte beim Autor

www.rediroma-verlag.de
8,95 Euro (D)

Inhalt

Für Valeria

Vorwort – Warum dichten?

Von einer eindeutigen Prägung, die mich dazu bestimmt hätte, den Weg des Dichters einzuschlagen, kann auf den ersten Blick wirklich nicht die Rede sein. Grabe ich an der Oberfläche, so finde ich unter meiner Kindheitslektüre nichts, was besonders hervorstechend für eine solche Laufbahn hätte sein können. Forsche ich jedoch tiefer, so zeigen sich die unzähligen Kassetten vom Pumuckl mit seinen mal mehr, mal weniger gelungenen Reimen als eine gute frühkindliche Quelle, insbesondere, da ich an ihm auch mit der Zeit richtige von falschen Reimen unterscheiden lernen konnte. Auch besaß ich als Kind eine für Kinder bearbeitete Fassung von Goethes Zauberlehrling und wenn diese auch gänzlich ohne Reime auskam, so wurde doch damit ein zentraler Grundstein für meinen späteren problemlosen Zugang zu dieser Art von Literatur ermöglicht. Dennoch sollte es noch viele Jahre dauern, ehe ich Reimeschmieden als ein Handwerk begreifen sollte, welches auszuüben ich die Neigung in mir trug. Nicht etwa, dass ich im Deutschunterricht am Lyrikthema ein besonderes Interesse entwickelte, nicht, dass die kleinen Jahreszeitengedichte, die wir in den ersten Jahren auswendig zu lernen hatten, was mir schon damals recht gut gelang, einen bleibenden Eindruck auf mich hinterlassen hätten. Es ging mir lediglich ganz langsam auf, wie sehr unser Leben doch von der Poesie durchdrungen ist. Beinahe jedes Kinderlied ist gereimt, in beinahe jedem Buch findet sich an irgendeiner Stelle ein für sich selbst genommen noch so bedeutungsloser kleiner Vers, beinahe jeder kennt mindestens einen kleinen gereimten Sinnspruch oder Abzählreim. Die Schönheit einer Sprache, die einem gereimten Rhythmus folgt, begann ich erst wirklich bewusst einzusehen und darauf auch schon bald einzusetzen, als sich meine Pubertät ihrem Ende näherte und meine letzten Funken Romantik sich gegen die harte Wirklichkeit aufzubäumen suchten. Ich hatte in der Zeit natürlich längst die großen Klassiker gelesen, aber erst die Liedermacher mit ihren wunderbaren Singrhythmen waren es schließlich, welche in mir den Gedanken säten: Das kannst du auch! Erst sie benötigte es, um mich endgültig auf die verborgene Melodie in so vielen lyrischen Texten aufmerksam zu machen. Schon bald entdeckte ich dann auch die wohl schönste Eigenschaft der Lyrik, nämlich dass es, wenn einem die richtigen Worte kommen, möglich wird, sich beinahe alle inneren Zustände von der Seele zu schreiben. Es mag respektlos gegenüber der Lyrik klingen, doch mit ihr habe ich die Chance, dessen, was mich in diesem Augenblick bewegt und einfach an die Oberfläche muss, mich zu entäußern, ohne erst Tage und Wochen mit dem Verfassen eines Prosatextes ins Land gehen zu lassen, der sich über dies mit einem Thema beschäftigen würde, das mich bei Beendigung des Textes schon gar nicht mehr oder doch wenigstens nur noch marginal interessiert.

Als ich mir erstmals einen Stil erarbeitet hatte, pflegte ich meine Gedichte als „Seelenfotos“ zu bezeichnen, da ich oft in einer halben Stunde bis zu sieben Strophen schreiben konnte, was ich in diesen Zeiten so intensiv empfand, als fließe meine ganze Seele in die Zeilen auf dem Bildschirm, den ich mangels Papiers vollschrieb. Unter Verwendung dieser Seelenfotos entstand denn auch mein erstes Buch „Postkutschenskizzen“, ein ungezielter Aufschrei an die gesamte Welt. Dann, ich weiß nicht, warum, vielleicht einfach aufgrund weiterer Charakterentwicklung, begann mein Schreiben mühseliger zu werden, die Worte sich zunehmend störrisch mir zu verweigern und einige Themen sich meinen tastenden Gedankenfingern zu entziehen. In guten Zeiten führte das dazu, dass mein Schreibprozess an einem Gedicht jetzt durchaus eine oder 1,5 Stunden betragen und ich am Ende nur umso stolzer auf ein tieferes, ehrlicheres Gedicht blicken konnte. In schlechten jedoch haderte ich mit mir und der ganzen Welt, verfluchte jeden Tag, der ohne ein Wort vorbei ging, und spielte mehrfach ernsthaft mit dem Gedanken, meine schriftstellerische Karriere zu beenden, nur damit der Erfolgsdruck endlich von mir abfiele. Aus Seelenfotos, für deren Erschaffung ich nur den rechten Moment zum Knipsen hatte abwarten müssen, waren Seelengemälde geworden, deren Geburtsprozess sich manchmal über Monate hinziehen konnte. Mein zweites Buch „Beutelwolf und Wandertaube“ enthält Gedichte beider Schaffensphasen. Dieses hier hingegen ist angefüllt mit einem ganzen Haufen Seelengemälden, von denen beinahe jedes mich schlaflose Nächte und tiefe Selbstzweifel kostete, mir jedoch im Nachhinein umso größere schöpferische Freude machte. Mithin habe ich dieses Buch auch „Worte in Geschenkpapier“ genannt und in dem gleichnamigen Gedicht versucht, auch lyrisch jenen inneren Wandel, den so mancher als Reifeprozess bezeichnen kann, zu illustrieren.

Doch keine Regel ohne Ausnahmen. So finden sich hier auch einige Werke, die noch zur Zeit meiner ersten Schaffensperiode entstanden, jedoch gut zu identifizieren sind. Es sind die lyrischen Bearbeitungen einiger Grimm'scher Märchen, die ich in meiner Schulzeit verfasste. Rotkäppchen entstand in einer Projektwoche mit dem Thema Märchen sozusagen aus dem Bauch heraus, überraschte jedoch damals viele so sehr, dass es in der örtlichen Schulzeitung abgedruckt wurde. Ich hatte nicht im Traume daran gedacht, nach diesem mich noch einmal dem Märchenthema zu widmen, und tat es nur, weil ich etwa ein Jahr später eigenständig Hörspiele produzieren wollte und natürlich eine Handlung dafür brauchte. Auf Vorschlag meiner Mutter entstanden also weitere kleine Märchenbearbeitungen, die ich jedoch nach wie vor nicht in einem seriösen Buche veröffentlicht hätte, wäre mir nicht eine gute Freundin seit Erscheinen meines Erstlings damit in den Ohren gelegen, ich müsse sie jetzt unbedingt mal veröffentlichen. Somit ist die Tatsache, dass man nun jene drei Märchen hier abgedruckt findet, eigentlich nichts anderes als ein stummes Bitten um Ruhe, wenn man so will.

Abschließend lässt sich wohl am besten mit einem kleinen Vers resümieren, der mir vor einigen Jahren in den Sinn kam und, weil zeitlos und einprägsam, dem, was Lyrik für mich bedeutet und meine innere Motivation ausmacht, perfekt entspricht:

Für mich, so scheint mir, ist die Dichtung
So wie ein reich gefülltes Vogelnest
Und manchmal wie die Waldeslichtung,
welche die Sonn‘ zur Erde schauen lässt.

Am Teiche

Abend senkt sich überm Teiche
gleich am Waldessaum
Windstill ist's und auch das weiche
Laichkraut regt sich kaum.
Letztmals spiegelt sich die Sonne
rot im Wasser wie aus Wonne
Und der nächtlichen Kolonne
Gibt sie lächelnd Raum

Helle ist es noch ein wenig
in der blauen Stund'
Und der kleine Wachtelkönig
tut sich schnarrend Kund.
Gut verborg'ne Itschen quaken,
haschen nach den dicken Schnaken
und die ersten Sterne blaken
mit dem Mond im Bund.

Leise weht das dichte Röhricht
in der kühlen Luft
und von oben tönt es töricht,
wenn der Steinkauz ruft.
Amseln zetern in den Zweigen,
ziehen sich zurück und schweigen,
Mückenschwärme eilig steigen
aus der dunklen Gruft.

Elfen kommen nun in Scharen,
hörst du, wie man lacht?
Und schon schall’n die wunderbaren
Lieder durch die Nacht.
Fröhlich kreist man überm Weiher
Spielt mit Geige, Bass und Leier
auf zur großen Elfenfeier
bis der Tag erwacht.

Ein Bild im Sinn des ander‘n

Leise aus dem Zimmer huschen,
dass sie nicht den Vater stört
und er nicht kommt, um sie wieder mal zu schlagen,
denn dann muss sie wieder kuschen,
muss so sein, wie sich’s gehört,
darf nicht zappeln, nicht laut reden und nicht fragen.
Leise nach dem Laptop suchen,
dass sie etwas lesen kann,
um nur ein paar Stunden Glück in sich zu spüren,
eh das Schimpfen und das Fluchen
wieder losgeht und sie dann
sich verschanzen muss hinter Gedankentüren.

Es ist wohl ein Schicksalsstreich,
schwer und wundervoll zugleich,
dass ein Bild im Sinn des ander’n dann und wann,
von uns selber nie geseh’n,
unempfunden, ungescheh’n,
als Erinn’rung in uns selbst verweilen kann.

Keine Freunde in der Klasse,
wird als Streberin verlacht,
und wer gibt sich schon die Müh‘ mit einer Blinden?
Geht nicht gerne mit der Masse,
wird dafür noch mürb gemacht
kann an manchem Tag die Angst kaum überwinden.
Da ist nur die Taube Kleine,
die sie oft so gerne führt,
die aus ihr den Mut schöpft, selber mitzuspielen
und die and’re wie die Eine,

die die Hand der Freundin spürt,
wird zu einer hellen Sonne unter vielen.

Es ist wohl ein Schicksalsstreich,
schwer und wundervoll zugleich,
dass ein Bild im Sinn des ander'n dann und wann,
von uns selber nie geseh'n,
unempfunden, ungescheh'n,
als Erinn'rung in uns selbst verweilen kann.

Ihren Opa hört sie gerne,
denn der kennt die halbe Welt,
und wenn er erzählt von fremden Meeresstränden,
träumt sie selber von der Ferne,
fühlt sich leicht, wie aufgehellt,
fühlt den weißen Ufersand schon in den Händen.
Er hat ihr von einer Reise
einen Walzahn einst geschenkt
Und der wird sie nun in Ewigkeit begleiten,
denn er selber starb schon leise,
doch wenn sie heut‘ an ihn denkt,
denkt sie auch an all die unentdeckten Weiten.

Es ist wohl ein Schicksalsstreich,
schwer und wundervoll zugleich,
dass ein Bild im Sinn des ander'n dann und wann,
von uns selber nie geseh'n,
unempfunden, ungescheh'n,
als Erinn'rung in uns selbst verweilen kann.

Das sind alles ihre Bilder,
hat mir nur davon erzählt,
doch ich werde sie nun immer bei mir tragen
und ich fühl‘ mich seltsam milder,
doch auch stärker und gestählt
und bewusster und ich will mich auch nicht fragen,
was ich noch nicht von ihr habe,
was mir noch verborgen ist,
welche Bilder in ihr wohl noch übrig seien,
denn ich weiß doch, jede Gabe
kommt zu ihrer eig’nen Frist,
und ich will so manche Wartezeit verzeihen.

Es ist wohl ein Schicksalsstreich,
schwer und wundervoll zugleich,
dass ein Bild im Sinn des ander’n dann und wann,
von uns selber nie geseh’n,
unempfunden, ungescheh’n,
als Erinn’rung in uns selbst verweilen kann.

In uns allen wohnen jene
Bilder, die man nicht vergisst,
so viel wunderbare, innige Geschichten,
viel eindeut’ger als die Gene,
als ein inn’rer Bauplan ist,
wenn wir nur das Augenmerk auf jene richten,
ja, dann würd‘ einiges uns klarer,
was auch in uns selber steckt
und wir eifersüchtig stets in uns behalten,
dann würd‘ manches in uns wahrer,
wird der inn’re Kern geweckt
und könnt‘ sich im warmen Sonnenlicht entfalten.

Denn es ist ein Schicksalsstreich,
schwer und wundervoll zugleich,
dass ein Bild in uns'rer Seele dann und wann,
von uns bislang nie geseh'n,
unempfunden, ungescheh'n,
wenn wir's spüren diese Welt verändern kann.

Seine Eminenz

Der höchlich heil'ge Sigismund,
tun wir der Festgemeinde kund,
Bischof von Wolkenkuckucksbach
geht seinen Amtsgeschäften nach.
In seinem prächtigen Ornat
sitzt er auf Polstern aus Brokat
und hört, der tugendhafte Mann,
seiner Mätresse Beichte an.
Wie sie's mit Kichern unterlegt,
als wenn etwas sie tief erregt,
und stahl sich nicht des Greisen Hand
ganz leis unter ihr Prachtgewand?

Doch weit're Gottestaten harr'n
Auf diesen Mann, den wunderbar'n,
den Kenner jedes Kirchenrechts,
der jedes sündige Gekrächz'
sofort durchschaut und ohne Fehl
der Ketzer rettet ihre Seel.
Man geht ins Hinterzimmer fein
und schmauset Rehrücken und Wein,
und dann, von niemandem belauscht,
wird mancher Golddukat getauscht;
für unser aller Glück im Herrn
empfängt ihn Seine Gnaden gern.

Dann betet in der Kirche er
für unser wohl. Die Sünden schwer,
sie möchten uns vergeben sein
und wir in ewiglichem Schein
erlöst in Richtung Himmel fahr'n
und Gottes Liebe offenbar'n.
Nachdem für jeden Sünder dort
er eingelegt ein gutes Wort,
so küsst man seinen Siegelring.
Sieht denn, denkt er, was ich vollbring,
für Gott und uns're Christenheit
denn wohl auch Seine Heiligkeit?

Fürwahr, er gäb‘ darum sehr viel,
beriefe man ihn zum Konzil
nach Rom zum heil'gen Vatikan
und dort würd‘ ihm die Ehre dann
einer Audienz beim Papst zuteil,
der bäte für sein Seelenheil,
und machte ihn in seiner Huld
und seiner göttlichen Geduld
zum obersten der Priester gar
oder vielleicht zum Ordinar,
oder vielleicht auch gar einmal
zu einem mächt'gen Kardinal!

Wie würde er den Sünderlein
ein fürchterlicher Hirte sein,
mit scharfem, kalten Glaubensschwert,
das jeden Abweichler bekehrt,
im wahren Glauben unbeugsam
das Rechte tun und ach, wie zahm

fräß‘ man schon bald aus seiner Hand
und schickt‘ nach ihm im ganzen Land,
auf dass er Gottes Werkzeug sei
und der ihm Weisheit drum verleih‘.
und dann, in diesem Sündenpfuhl,
setzt‘ er sich auf den heil’gen Stuhl!

Bei dem Gedanken muss er sich
ein Lächeln, breit und anzüglich
Verbeißen und er stürzt beredt
sich gleich nochmal in ein Gebet.
Und wenn er’s auch zu beichten hat,
so liebt er sein Episkopat
und im Bewusstsein seiner Macht
pfeift er ein frommes Lied und lacht.
Und während er, nun ungestört,
des Mädchens zweite Beichte hört,
erteilt sich Seine Eminenz
höchst selber Generaldispens.

Rotkäppchen

Es ist schon eine Weile her,
dass diese wunderliche Mär
vom holden Rotkäppchen geschah,
sie war gar lieblich von Gestalt,
ein Sonnenschein für jung und alt
und süß für jeden, der sie sah.
Ein rotes Käppchen hatt' es auf,
allein, es war so stolz darauf,
dass es nichts sonst vergleichlich fand,
nichts and'res trug das Mädel mehr,
das Käppchen stand ihm gar so sehr, dass man es nur Rot-
käppchen nannt.

Nun traf es sich unmittelbar,
dass Oma krank und schwächlich war,
da sprach die Mutter: „Komm, nimm hier
den Korb mit Kuchen drin und Wein,
geh in den tiefen Wald hinein
zur Großmutter und bring ihn ihr."
Zu bleiben auf dem rechten Pfad,
das war, worum sie sie noch bat,
und sich auch ja nicht zu verirr'n.
„Und nimm dich vor dem Wolf in Acht,
der frisst dich schneller als gedacht",
sprach sie mit sorgenvoller Stirn.

So ging das Mädchen in den Wald
und da geschah es, dass sie bald
traf auf den bösen Isegrim.
Sie dacht daran, ganz unverzagt,
was ihre Mutter ihr gesagt,
allein, sie fand ihn gar nicht schlimm.
„Ach, du allerliebstes Kind,
welch Wunder, dass ich dich hier find!
Darf ich erfahr'n, wohins dich führt?“
So sprach der wilde Isegrim,
Güte und Wärme in der Stimm,
aber in Wahrheit unberührt.

„Zur Großmutter zu ihrem Haus,
dort wohnt sie, tief im Walde draus.
Ich bring der Kranken Speis und Wein.“
„Siehst du die schönen Blumen steh‘n?
Magst du nicht einmal danach seh‘n?
Sollen die nicht für Oma sein?“
Sie dachte: Schaden kann es nicht,
Blumen bringen im Herzen Licht
und so verließ sie ihren Pfad.
Von seiner Freundlichkeit betört,
blieb jede Warnung ungehört,
fernab von Mutters weisem Rat.

Dem Wolfe aber war es gleich,
nun hatte er sein Ziel erreicht,
weshalb er eilends weiterlief.
Die alte Oma war sein Ziel,
das ihm zum Fressen wohl gefiel.
Er klopfte an die Tür und rief:

„Rotkäppchen, dein Großtöchterlein!
Ich bring nen Korb mit Speis und Wein!"
So sprach der Wolf mit hoher Stimm':
„Komm nur herein, ich bin sehr schwach",
Rotkäppchens kranke Oma sprach,
so tat der wilde Isegrim.

Es dauerte auch gar nicht lang,
als er die Oma schon verschlang.
Nun zog er ihre Kleider an.
In Omas Bett verkroch er sich.
Nun, Rotkäppchen, bald hab' ich dich,
so dachte er, der schlimme Zahn.
Rotkäppchen kam nach kurzer Zeit,
trug Blumen voller Lieblichkeit.
Sie klopfte an und wollt' hinein
und dabei war sie gar nicht bang,
denn mit vertrautem, heis'rem Klang
ließ ihre Oma sie herein.

Doch etwas stimmte nicht im Haus.
Die Oma sah so seltsam aus,
alles an ihr wart viel zu groß.
Die Augen, Nase, Mund und Ohr'n,
sie hatten ihre Form verlor'n,
sie stutzte, was geschah hier bloß?
Doch ehe sie sich noch versah,
wart sie schon fort mit Haut und Haar,
verschwunden in des Wolfes Schlund.
Nun legt der Wolf sich in das Bett,
war nun erst richtig feist und fett,
schlief friedlich ein aus Herzensgrund.

Es kam vorbei ein Jägersmann,
der staunt: „Was die doch schnarchen kann!
Ich schaue besser mal hinein.
Womöglich geht es ihr nicht gut,
möchte wissen, was die Alte tut,
was mag da wohl geschehen sein?“
Als er im Bett den Lupus sah,
da sprach er: „Strolch, da bist du ja!
Nun liegst du da, wie ich dich brauch.“
Er hatte eine Schere mit,
mit der er ihm den Wanst aufschnitt,
befreite sie aus Wolfens Bauch.

Sie holten viele große Stein‘,
die taten sie in ihn hinein,
dass er den Magen sich verdarb,
denn als der Wolf aufstehen wollt‘,
wart vom Gewicht er überrollt
und so beschweret, dass er starb.
Da herrschte Frieden überall,
noch lang sprach man von diesem Fall,
Rotkäppchen tanzte voller Freud‘.
Und wenn sie nicht gestorben sind,
der Jäger, Großmutter und Kind,
dann, glaub‘ ich, feiern sie noch heut.

Frühlingsrauschen

Wie viele Tage flehte ich,
verstohlen und doch nachdrücklich
um eines guten Wettergeistes Hülfe,
der uns'rer Erde gnädig sei,
entfess'le einen Frühlingsschrei,
und nun hat eine wohlgesinnte Sylphe
die kleine Bitte angehört
und mit nur einem Wink zerstört
sie all die wattig dichten Wolkenmassen
und wird nun gleich in ihrer Gnad
und weil ich gar so sehr sie bat,
die Frühlingssonne hell aufgehen lassen.

Sogleich blüht auch der Winterling
und die dort mit der Ockerschwing',
die Singdrossel lässt auch sich gleich vernehmen,
genau wie holder Amselschlag
schon früh an jedem Frühlingstag
das Herz erquickt mit seinen vielen Themen.
Und nicht viel später, sei gewiss,
blüht auch die zärtliche Narziss'
und dann ihre Gefährtin, das Schneeglöckchen,
und dann entfaltet sich schon, welch
ein Wunder, auch der Blütenkelch
der Tulpe in dem weißlich gelben Röckchen.

Der kleine Fuchs ist auch bereit,
in seinem rot orangenen Kleid,
und nährt sich glücklich von dem frischen Nektar.
Und nebenan der Grasfrosch knurrt

Und auch die Honigbiene surrt,
die einen ganzen Winter lang versteckt war.
Der Igel schnuppert hungrig aus
nach einem ersten Schneckenschmaus.
Und die Libelle angelt sich die ersten Wasserkäfer,
der Zaunkönig baut im Geäst
sein allerersten Frühlingsnest
und endlich erwacht auch der Siebenschläfer.

Wenn dann die Nächte warm und lang
sind, tönt auch der Gesang
des Waldkauzes durch Wälder, Wiesen, Gärten.
Und wenn die Waldohreule klagt,
geh'n heimlich schon auf Mückenjagd
der Abendsegler und seine Gefährten.
Und dann, im herrlichen April,
bleibt nicht ein einz'ger Schnabel still
Denn nun lädt ein in seiner großen Allmacht
der neue runde Frühlingsmond,
der Sangeskünstler gern belohnt,
zu einer großen Meistersingerballnacht.

Wen gäb' es, der sich jetzt und hier
inmitten dieser Weltenzier
noch eine Sache dazu wünschen wollte?
Nur eines von dir, guter Geist,
wünscht' ich, wenn du mir gnädig seist
und mir dereinst dies Glück begegnen sollte:
Ich wollte eine Gottheit sein
und wollt' im ersten Sonnenschein
Dem schier allgegenwärt'gen Frühlingsrauschen,
dem ersten großen Sängerstreit,

der farbenprächt‘gen Lustbarkeit
von oben zusehen und ihn belauschen!

Nacht in Angst

Manchmal, wenn der Tag verschwindet,
rasch sich aus dem Staube macht
und dem unbarmherzig kalten Dunkel weicht,
ja, in diesen Nächten findet
mich die tückisch schwarze Nacht
so gebrochen, dass mich Todesangst beschleicht.
Jeder Kummer wird lebendig,
den ich lange schon vergaß,
kriecht hervor aus meines Geistes tiefster Gruft,
macht mich mürbe und geständig,
treibt mit mir manch bösen Spaß,
lässt mich flehen und zerreißt mich in der Luft.

Alle Zweifel kann ich spüren,
unbarmherzig und konkret,
nicht verborgen durch manch gnäd'ge Illusion,
falsche Götter, die mich führen,
engelszüngig und beredt,
und es doch nur tun aus Mutwillen und Hohn.
Manch ernüchterndes Geständnis
wird mir jammernd abgepresst,
macht mich vor mir selber hässlich und gemein
und der Rammbock der Erkenntnis,
schlägt gebieterisch und fest
auf das Tor zu meiner tiefsten Seele ein.

Manche Liebe, die ich fühlte
Und durch eig’ne Schuld verriet,
seh‘ noch einmal ich im Zeitraffer vor mir
und der Schmerz, der in mir wühlte
wie der Tod, der an dir zieht,
wird mir gegenwärtig, wühlt im Jetzt und Hier.
Weit’re Bilder drängen diese
ohne Gnade roh zurück –
Die Momente allergrößter Herzenswut,
Worte, unerträglich fiese,
die zerstörten all mein Glück
und beleidigten die ander’n bis aufs Blut.

Und ich lerne, das zu hassen,
was so lang mich aufrecht hielt
und ein Schild mir war in größter Herzensnot,
weiß vor Scham mich kaum zu fassen,
nur ein Narr, der Dichter spielt,
dessen Verse doch nichts sind als leer und tot.
Stets belächelt, nie gelesen,
ungeliebt und wohl zurecht
einzig fähig nur zum Druck im Selbstverlag,
weil ein minderwert’ges Wesen,
durch und durch verrucht und schlecht,
das man meidet und das niemand, niemand mag.

An den Schlaf ist nicht zu denken
in der Schwärze dieser Nacht,
doch der Morgenstern, der unverhofft erscheint,
kann mir endlich Frieden schenken
und die Welt, die nun erwacht,
lehrt Versöhnung mich und meinen inn’ren Feind.

Mag ich ewig mit mir hadern,
nie ganz einig mit mir sein,
stets mit mir in einem inn'ren Widerstreit,
fließt noch Blut in meinen Adern
und ich kann mir auch verzeih'n
für manchen Fehler der Vergangenheit!

Durch den Kopf mit der Wand

Als Gott die Erde einst erschuf,
Tiere und Pflanzen, Groß und Klein,
da folgt‘ ein jedes seinem Ruf
und trat voll Jubel ein ins Sein.

Er machte Wälder, Berge, Meere,
Flüsse und Seen und wüstes Land
Und für des Himmels große Leere
Sonne und Mond er bald erfand.

Sechs lange Tage nahm er sich
und nahm den siebenten zum ruh’n.
Und sagte voller Freude: „Ich
will noch ein großes Wunder tun!“

Und dann erschuf er Menschenkinder,
ihm gar ähnlich von Gestalt,
doch machten diese dem Erfinder
manchen großen Kummer bald.

Die Schlange führte irre sie,
dass sie des Herren Wort vergaßen
und den verbot’nen Apfel aßen,
was dieser ihnen nie verzieh.

Aus seinem großen Paradies,
dem unermess’nem Garten Eden
der Herr der Menschen sie verstieß
und ließ kein Wort mehr mit sich reden.

Da schwor er nun in seinem Sinn
den Menschen eine ew'ge Rache,
eine so hundsgemeine Sache,
dass ich noch heut' schier sprachlos bin.

Er schuf eine gewalt'ge Mauer,
so hoch, dass nicht ein Ding ihr gleicht
und keines Menschen Blick von Dauer
je bis an die Kante reicht.

„Durch ihre Köpfe mit der Wand,
dass sie sich voneinander trennen,
und festen Stahl in ihre Hand,
auf dass sie keine Gnade kennen.

Ohne Erbarmen sei ihr Zorn
Und unerschütterlich ihr Hass,
und wie ein Angstschrei kläng' ihr Horn,
dass nun ertön' ohn' Unterlass.

Das fremde mög' sie stets verstimmen
und drob ihr Hass niemals verglimmen
und soll für jetzt und immer ihnen
als Vorwand für die Kriege dienen.

Auf das der Hader und der Streit
nie wieder aus den Köpfen kehren
Und sie sich langsam dran verzehren,
steh' diese Wand für alle Zeit!"

Und so, man wird es längst erahnen,
steht diese Mauer heute noch
und drückt uns schwer mit ihrem Joch,
dass Kriege stets sich Wege bahnen.

Doch es sind Türen eingemauert,
ganz winzigklein und gut versteckt,
doch habe lange ich gelauert
und schließlich einige entdeckt.

Man kann dort kleine Zettel tauschen
mit einer kleinen Prise Mut
Und herrlich miteinander plauschen,
ganz unverfälscht durch eig'ne Wut.

Dies merkt euch gut und macht euch gerne
bei eurer Mauer auf die Such',
dass jeder für sich kennenlerne
den Gegenbann für unser'n Fluch.

Woll'n wir nun alle etwas üben,
dass Einigkeit aus uns erwächst,
schicken wir alle diesen Text:
„Mit Grüßen meld' ich mich von drüben!"

Lob der Feldflur

Wie heilsam ist es doch, zu schreiten
auf einer Wiese großen Weiten,
den Wind, der durch die Gräser streicht
und sanften Mädchenhänden gleicht,
der Sonne Lachen anzuseh'n
und beinah glauben zu versteh'n,
was unser Lebensinhalt sei,
geborgen, glücklich, mild und frei.

Da ist das Hixen des Fasans,
das „Tick-Tack-Tick" des Wachtelhahns,
der raue Ton der Rabenkrähe
und eine Ammer in der Nähe
sagt dir, wie lieb sie dich doch hat,
indes der fette Stieglitz grad
so recht in Sängerstimmung ist,
der unerreichte Klangartist.

Noch fehlt der holde Lerchenton,
doch wie ich's denk', hör ich ihn schon,
das kleine Herz der Wiese schallt
mir froh entgegen und schon bald
lässt auch der Hänfling sich vernehmen.
Der Star mit seinen tausend Themen,
sowie des Sumpfrohrsängers Sprech,
verspotten jeden, klein und frech.

Ich lass von Mücken mich zerbeißen,
von Dornen mich in Fetzen reißen,
leg mich mit Amt und Würden an,
so lang ich hier kiebitzen kann,
denn ein Vergnügen ist es mir,
ja, gar ein richtiges Pläsier,
dem luftigen Konzert zu lauschen –
dann möchte ich mit keinem tauschen!

Gebet an Eos

Oh Eos mit den roten Fingern,
du schenkst dem Hoh'n wie dem Geringer'n
stets frisch und neu dein weiches Licht.
Die jungfräuliche Morgenröte
bringt alle Freuden, alle Nöte,
zu Tag und achtet ihrer nicht.
Du lässt die ems'gen Meisen schlagen,
die Amsel auch ihr Lied vortragen,
das lieblich und an Künsten reich
die ander'n Amseln rasch betört,
doch was der denkt, der dieses hört,
das ist dir dabei völlig gleich.

Ob deine allmächtigen Strahlen
Ein Bild von tiefster Trauer malen,
von einem Mutterherz, das weint,
weil anderswo vielleicht gelinde
das Grab von ihrem einz'gen Kinde
die Sonne mild und weich bescheint,
oder ob mit verschämtem Lachen
zwei frisch verliebte leis' erwachen,
deren Geschichte erst begann,
das siehst du, wenn schon nicht als nichtig,
so doch als nicht besonders wichtig
und letztlich für dasselbe an.

Mit jedem neu erwachten Morgen
erscheinen wieder neue Sorgen,
neue Komödien, neues Glück;
das alles, was verdientermaßen
wir in der dunklen Nacht vergaßen,
bringst du uns jedes Mal zurück.
Kein Morgen reinigt uns von innen
Und lässt nicht weiter uns von Sinnen
Nach Händeln auf der Suche sein,
öffnet uns auch die inn'ren Augen
für Dinge, welche wirklich taugen
und prägt uns die Erkenntnis ein.

Ach, wenn der Morgen doch die Lüge
nicht immer weiter mit sich trüge,
dass nichts sich jemals ändern wird,
wenn er doch allen offenbarte,
dass der Verbitterte und Harte
sich in so vielen Dingen irrt,
sind für dich Schwarze doch und Gelbe
und Weiße eigentlich dasselbe
und siehst du keinen Unterschied,
ob Mann und Frau sich zugeselle,
oder ob hohe Liebeswelle
sie zu ganz ander'n Stränden zieht!

Ach, mögest du Verzeihen schaffen,
dass all die ekelhaften Waffen
einst nur Museumsstücke sind
und man die alten Litaneien,
die sie am Morgen oft schon schreien,
in Bälde auch nie wieder find'.

Dich, die du's erste Licht entzündest
und uns vom neuen Tage kündest
und Helios schickst von Ost nach West,
dich bitt' ich, dass dereinst hienieden
nur einen Morgen du in Frieden
und Freundschaft sanft erwachen lässt!

Der Froschkönig

Passt auf und hört, was nun beginnt,
sperrt auf nun eure Ohren:
Es war einmal ein Königskind,
vor langer Zeit geboren.
Sie spielte so unglaublich gern
Mit kleinen Puppen ohne Zahl,
doch war ihr größter Augenstern
ein kleiner, runder, gold‘ner Ball.

Sie saß an einem Brunnen einst
und trieb vergnügt ihr Werfespiel
und war sehr froh, wie du wohl meinst –
bis ihr der Ball ins Wasser fiel.
Aus tiefstem Gram sie schluchzend rief,
sie schrie zum Steinerweichen:
„Ach je, der Ball liegt viel zu tief,
ich kann ihn nicht erreichen!“

Als dann ein Frosch ans Ufer sprang,
sich aufblies und laut quakte,
da wurde es ihr tüchtig bang,
als er sehr freundlich fragte:
„Na na, du hold Prinzesselein,
wer wird denn da so weinen?“
„Mein Ball fiel in den Brunnen rein
Und ich hab nur den einen!“

„Ich könnte nach dem Balle tauchen
Und brächt ihn wieder an das Licht.
Ich kann zwar keine Perlen brauchen,
doch ganz umsonst tu ich es nicht.
Ich säß‘ am liebsten neben dir
Und ess‘ von deinem Tellerlein,
im selben Bett schliefst du mit mir
und meine Frau sollst du auch sein!“

Sie dachte bei sich: „Schön und gut,
doch lass nur die Beschwerden.
Hat er auch Schneid und Wagemut,
kann daraus doch nichts werden.“
So befriedigt sagte sie:
„Na schön, ich wills versprechen.“,
jedoch mit leiser Ironie
über den Frosch, den frechen.

Der Frosch, der tauchte eilig ab
ins Wasser, sehr behände.
Und kurz darauf er übergab
den Ball in ihre Hände.
Sofort entfloh sie sehr geschwind,
wollt auf den Frosch nicht warten,
da lief sie hin, das dumme Kind,
heim in des Schlosses Garten.

Es klopfte an am nächsten Tag,
man saß gerad beim Essen.
Der Frosch rief: „Ach Prinzessin, sag,
hast dein Versprechen du vergessen?
Du hast mir doch dein Wort gegeben,

ich sollt dein Tischgenosse sein,
sollte an deiner Seite leben,
ach, Königstochter, lass mich ein!“

Sie klagt dem Vater ihre Qual,
doch dieser, nicht zu fassen,
stand auf im Zorne und befahl,
den Frosch hereinzulassen.
Vor Ekel wollt‘ sie schier erkalten,
der König wollt‘ sie nicht versteh’n.
Versprochenes müsse man halten
Und das hier sei jetzt durchzusteh’n.

So aß der Frosch an ihrer Seite
von ihrem kleinen Tellerlein
Und wollt‘ auch noch zur Schlafenszeite
mit in ihrem Bette sein.
Doch dann geriet ihr Zorn in Flammen,
der letzte Rest von Langmut schwand.
Sie raffte ihren Mut zusammen
und warf das Wesen an die Wand.

Da sah sie einen Prinzen vor sich,
so schön und aufrecht von Gestalt.
„In einem Zauberbann war ich,
nun, Liebste, heiraten wir bald.“
Jetzt nahm sie ihn von Herzen an,
den Prinzen, der ein Fröschlein war,
denn nun war er ein schöner Mann
und nicht mehr hässlich – das ist klar!

An die Leere

Nun stehst du stumm, dein Herz ist schwer.
Nach einem Leben voller Qual,
ein kalter Wind von Norden her
schüttelt dir deine Äste kahl.

In deiner Seele tönt kein Laut,
wo früher so viel Trubel war,
kalt ist der Blick, verwelkt die Haut
und grau und stumpf ist nun dein Haar.

Wie herrlich war dir der Beginn
von eines jeden Tages Schein
Verlieh den schlimmsten Zeiten Sinn
und drang beglückend in dich ein.

Heut‘ ist's nur noch vergang'ner Glanz
von lang vergess'ner Lebenslust
Und du verfluchst den Lebenstanz,
an dem du dich beteil'gen musst.

Ein weit'rer Tag, den du vergeigst,
verträumst, verjubelst und verschenkst
und weiter gute Miene zeigst,
wo du doch nur noch Schlechtes denkst.

Mit vollen Händen gabst dein Glück
du einstmals ohne Reue fort
und ließest jedes Mal ein Stück
von dir an manchem Freudenort.

Heut‘ hast nur Leere du zum Lohn,
weil du dein Glück verloren hast
und nichts mehr übrig ist davon,
weil du es unbedacht verprasst.

So komm denn, Leere, fülle mich
mit deiner kühlen Allmacht aus,
willkommen heißen will ich dich
in meiner Seele ohne Graus!

Du seiest mir nun ein Gesell
und teilst mit mir die Ewigkeit
und dunkel wird, was lind und hell
und schön war, voller Lieblichkeit.

Und mach mich, Leere, dir ganz gleich,
verleih‘ mir Wesen und Gestalt,
mach mich genauso totenbleich,
genauso geisterhaft und kalt.

Das ist's, was noch zu sagen blieb,
und nun, da reiner Tisch gemacht,
geb‘ ich ihm nach, dem süßen Trieb
und tu's erlöst – jetzt kommt die Nacht!

Der brave Herr Hoffmann

In Frankfurt defiliert‘ Herr Hoffmann gerne
des Sonntags seinen Weg entlang
Und schaute auf Ideenfang
Versonnen in die überird‘sche Ferne.
Er sei ein Dichter, wusst‘ er aus Erfahrung,
den alten Meistern längst ein Hohn,
doch manchmal sucht‘ der Musensohn
nach neuer, seines Genius würd’ger Nahrung.

„Ich greife“, pflegt‘ Herr Hoffmann gern zu sagen,
„nach dem, was mir das Leben schreibt
und zu besingen dann mich treibt,
auf dass ich mich dem Kleinmut ganz entschlage.“
Dies sprach er oft mit mächtig wicht’ger Miene,
und die von ihm belehrten Herr’n,
die lauschten seinen Worten gern,
als wenn aus seinem Aug‘ die Gottheit schiene.

Doch heut‘, so sehr er seinen Geist durchwühlte,
fand er doch keinen Vers in sich,
und drum wart ihm schier fürchterlich,
weil er die Schwermut schon erwachen fühlte.
„Ich finde“, sprach er, „einfach keine Worte,
die Eindruck machen und erzieh’n!“
Ein tiefer Schmerz erfasste ihn
und arg bekümmert schied er von dem Orte.

Er sah, dieweil er traurig heimwärts strebte,
auf all die Kinder rings umher,
die drückten keine Sorgen schwer
wie ihn, der ganz ohne Ideen lebte!
Er sah auf ihre immer feuchten Nasen
und auf ihr Haar, stets ungekämmt,
und da, dem einen hing das Hemd
aus seiner Hose, und fast wollt‘ er rasen!

„Da spielt die faule Brut, und sicher scherzen
sie hinter meinem Rücken meiner gar!
Und da, das Mädel trägt ihr Haar
ganz gegen jede Ordnung!“ Und im Herzen
wart ihm ganz anders ob der Zucht und Sitten,
die er so sehr missachtet sah,
und da beschloss Herr Hoffmann: „Ja,
ich will den Herrn um gute Verse bitten!“

Und ein gar langes, hartes Halbjahr später,
fast unbemerkt ging es ins Land,
da hielt er’s schließlich in der Hand,
sein ew’ges Meisterwerk vom Struwwelpeter.
Die Reime war’n ihm zwar nicht immer ganz gelungen,
das Versmaß wurd‘ ihm auch zur Qual,
doch wusste er endlich einmal
etwas zu sagen all den Lästerzungen.

„Dies Werk“, sagt‘ er Geheimrat bieder,
„wird Kindern eine Warnung sein,
dass sie nicht Krach machen und schrei’n,
wenn Dichter geh’n die Gasse auf und nieder!“
Nie ist Herrn Hoffmann mehr so wohl gewesen,
als er den Sonntagsmarsch begann,
weil er sich nun dran freuen kann,
dass alle seinen Struwwelpeter lesen.

Einstens saßen um ein Feuer

Einstens saßen um ein Feuer
drei Gesellen voller Drang,
nach dem fernen Abenteuer
und voll jungem Überschwang.
Friedlich saßen sie beisammen,
teilten gern ihr karges Mahl
und der Mond schien mit den Flammen
um die Wette, kalt und fahl.

Längst verstrich die blaue Stunde
und gab Raum der wilden Hatz,
schrie der Uhu seine Kunde
über ihren Lagerplatz,
da hub einer, kühn geworden,
von der späten Stunde Bann
und den dunklen Nachtakkorden,
endlich eine Frage an:

„Nun, ihr guten Kameraden,
wo schon Nott die Welt durchzieht
und ans Ohr dringt der Zikaden
süßes allnächtliches Lied,
woll'n wir da von unsern Reisen
denn einander nicht erzähl'n?
Ich lass meinen Weinschlauch kreisen
und so soll's an gar nichts fehl'n!"

Alle waren einverstanden
und der erste sprach sogleich:
„Ich zieh aus nach fernen Landen,
mach mich dort an Ehren reich.
Einen Drachen gilt's zu morden
und mit meinem scharfen Speer
zieh ich tapfer Richtung Norden,
bring euch seinen Schädel her!"

„Ich bin", sprach der Zweite milder,
„auf dem Weg in ein Turnier,
denn ein unbezwinglich wilder
Zorn tobt alle Zeit in mir.
Um der schönsten, wenn ich siege,
bitt' ich, der Prinzessin Hand,
aber wenn ich unterliege,
geb' ich Hel mich gern zum Pfand."

„Mich", sprach nun der Dritte, „führen
meine Wege nur nach Haus,
Heimatluft erneut zu spüren,
blieb schon viel zu lange aus.
Einst im prächt'gen Kettenhemde
So, als gäb's kein größ'res Glück,
zog ich lachend in die Fremde,
kehre weinend heut' zurück."

Lang noch saßen sie und sprachen
über Liebe, Leben, Tod
sah'n die Sterne zieh'n und brachen
miteinander Freundschaftsbrot,
bis sie schließlich Abschied nahmen,
grad beim Schein des ersten Lichts,
doch wohin sie ferner kamen,
davon weiß der Dichter nichts.

Es war einmal

Hast du nicht manchmal dies Gefühl,
dass harsche Winde, grob und kühl,
die grauen Strähnen dir verwehen?
Spürst du die Schatten alter Zeit,
die Geister der Vergangenheit,
nicht manchmal auch durchs Zimmer gehen?
Du siehst ein Bild von Polaroid,
ganz fehl an Platze wirkt es heut‘,
so matt und finster und verschwommen.
Deine Erinn’rung ist schon schal,
es ist nicht mehr – es war einmal
und es wird niemals wiederkommen.

Musst nur den Film noch etwas dreh’n,
schon kannst du dich Ball spielen seh’n,
in der Veranda ohne Schuhe.
Im Traume später stehst du dann
Mit Long John Silver deinen Mann
Und hebst den Schatz aus seiner Truhe.
Zwei Jahre mehr, doppelt so groß,
sitzt du bei Opa auf dem Schoß,
so viel Gras ist schon drauf gesprossen.
Dies alles ist so lange her,
der Opa lebt schon lang nicht mehr,
so viele Jahre sind verflossen.

Siehst du dich noch beim ersten Kuss?
Es knallte wie ein Bogenschuss,
du kannst die Wunde heut‘ noch spüren.
Wie warst du jung und aufgeregt,
hast dir so viel zurechtgelegt,
den lang umschwärmten zu verführen!
Und dann die Trauer, der Verlust,
der viele Streit, der große Frust,
die Siege und die Niederlagen,
dies alles zieht an dir vorbei,
lässt keinen Platz für Schummelei
und deine vielen tausend Fragen.

Auf der Erinnerung liegt Schnee,
lässt dich erstarr'n und tut dir weh,
doch trotz des Kummers und der Schmerzen
ist jede Szene unfehlbar,
als wenn's gerade gestern war,
fest eingepackt in deinem Herzen.
Lass die Vergangenheit bei sich,
sie hält dich fest und rettet dich,
wenn böse Ängste in dir wühlen.
Und steigt dir Panik auch zum Hals,
die Bilder wissen, dass sie als
Erinnerung sich wohler fühlen.

Bist du nicht mehr so unbedarft,
dein Glaube noch einmal entlarvt
von Zorn und ander'n schlechten Dingen,
verbess're, was noch kommen mag.
Wenn du's probierst an jedem Tag,
wird es dir irgendwann gelingen.

Hast du das große Ziel erreicht,
wird es ein Trost für dich und leicht,
gute Erinn'rungen zu häufen.
Gute Erinn'rungen sind rar,
doch sucht man sie, sieht man sie klar,
so wie in allen Lebensläufen.

Gewalt, aus der Sicht eines Baumastes erfahren

Es ist für mich schon wie ein Traum,
da sie mich einst von meinem Baum
geschnitten haben und mich nun verwenden,
um andere von ihrer Art
mit meinen Zweigen scharf und hart
zu schlagen und sich selbst damit zu schänden.
Von einer Buche stamme ich,
war voller Hoffnung, bis man mich
als Werkzeug nahm, um Schmerzen zu erzeugen.
Dabei schaff‘ ich doch Leben nur.
Und gänzlich gegen die Natur
scheint mir's, ein jeglich Ding zu beugen.

Da knien sie, die Rücken bloß,
die Angst im Herzen derart groß,
dass sogar ich in meinem Holze sie empfinde.
Dann holen and're mich hervor
und schlagen Rücken, Hals und Ohr
und ihre Schreie fliegen mit dem Winde.
Oh, damals noch als junger Trieb,
wie war mein Dasein mir so lieb
als Heimstatt für die Ringeltaubenjungen!
Einst noch ein frischer, schöner Ast,
heut‘ spröd‘ und kahl und nur erfasst
als eine Geißel, von Barbar'n geschwungen!

Das Blut, das an mir haften bleibt
und in mich die Geschichten schreibt,
die Not und Elend eben mit sich bringen,
das lässt mich tief in Zweifel sein,
ob Menschen, grausam und gemein,
wie sie nun einmal sind in allen, allen Dingen,
der Welt in einem einz'gen Sinn
nur nützlich sind und nicht umhin
komm‘ ich, die Antwort abschlägig zu geben,
denn wo hätt‘ er denn nicht zerstört
bei Todesschreien weggehört
und nicht obsiegt im Kampf gegen das Leben?

Damals, auf meinem Baume dort,
war'n die Gedanken noch weit fort
An das Verscheiden, das auf jedes Wesen harret,
wenn einst die Blätter müd‘ und schlapp
nur baumeln tot vom Baum herab,
das Holz im Innern fault und kracht und knarret.
Jetzt wünsch‘ ich mir an manchem Tag,
bei manchem grimm geführtem Schlag,
ein Feuer, das mich vollständig verzehre,
dass durch den heiß ersehnten Kuss
kein Wesen ich mehr quälen muss –
oh, welch eine Befreiung das doch wäre!

Worte in Geschenkpapier

Einst, als die Worte mich bestürmten,
ich fast ertrank in ihrer Flut,
Ideen sich noch in mir türmten,
da schrieb mit jugendlichem Blut
ich sieben Strophen, edle, runde,
hübsch ausgefeilt und ohne Fehl,
und das in einer halben Stunde,
als würde meine Kinderseel‘
vom Leben heimlich Fotos schießen
und sie entwickeln unmerklich
und ich sah all die Bilder fließen
in meine Worte, nur für mich.

Ich schrieb damals so manche Zeile,
die ich wohl nur so halb verstand,
doch hielt für eine kurze Weile
‘nen Teil der Welt ich in der Hand
Und konnte etwas weiter schauen
Zu dem, was uns’re Welt bestimmt,
zu all der Angst, an der wir kauen,
dem Glück, das uns den Atem nimmt,
dem Zorn, der ungezähmte Geister
in großer Zahl erschaffen kann
und manchen unerreichten Meister –
dies alles sah ich damals an.

Doch heut‘ vergeht, eh ich anfange,
erst eine Zeit der Agonie;
ich warte auf die Worte lange
und manchmal kommen sie auch nie,
doch wenn sie kommen, sind’s Geschenke,
in bunte Pappe eingepackt;
und wenn ich an den Inhalt denke,
ist’s wie ein ewig heil’ger Akt.
Mit einer Schleife zugebunden
sind diese Päckchen außerdem,
so fein, so zart darum gewunden,
dass ich’s fast nicht entgegennehm‘.

Meist lass‘ ich es noch etwas liegen,
dreh‘ es nur manchmal hin und her,
manchmal für Wochen, doch dann siegen
Neugier und Stolz und es ist schwer,
mich weiterhin noch zu bezwingen,
doch dessen bin ich mir bewusst:
Hab ich Geduld, kann ich vollbringen,
was schlummert noch in meiner Brust
und kann ich sie dann vor mir sehen,
die Worte dort aus dem Paket,
kann ich ein bisschen mehr verstehen
von dem, was in mir vor sich geht.

Muss ich mir heut‘ auch Mühe geben,
dass ein Gedicht sich formt in mir,
so ist’s doch wen’ger blindes streben
als früher und die wilde Gier
ist einem tief’ren Sinn gewichen,
der sich mir selbst zum Teil entzieht,
doch ruhig, sanft und ausgeglichen
ein kleines bisschen weiter sieht.
Es lässt sich manches noch nicht sagen,
ist noch zu groß, zu schwer für mich,
doch weiß ich, trotz der bangen Fragen:
Ich denke, also schreibe ich.

Der Pfarrer und der Herr

Ich steh auf der Kanzel und singe ein Lied,
auf dass Gott, der Herr, unsre Nöte ansieht
und dass er uns alle erhalte.
Ich bete, dass er unsre Sorgen erkennt,
die Bösen stets klar von den Redlichen trennt,
und alles zum Guten gestalte.
Ich weiß, er steht unsichtbar gleich hinter mir
Und hört die Gebete aus meinem Brevier
mit Freude und tiefem Behagen.
Er zürnt und verurteilt und liebet uns doch
und gibt mir die Kraft, mein beschwerliches Joch
als Hirte der Menschen zu tragen.

Ich bin in einem kleinen kargen Hause
und schaffe dort den viel geplagten Herzen
nur eine kurze, süße Atempause
von all ihren davongetrag'nen Schmerzen.
Ich heile Seelen und versorge Wunden
und schenke heit're, lindernde Gedanken
vertreib den Kummer aus den schlimmsten Stunden,
und lege meine Hand auf jeden Kranken.

Ich stehe hier oben mit meinem Talar,
hier fühl ich mich heimisch, verstanden und war,
ganz wie in Abrahams Schoße,
denn ich weiß genau, Christus führt meine Hand,
und feit mich mit Zorn gegen weltlichen Tand,
auf dass ich die Sünder verstoße.
Ich spüre es stets, dein geheiligtes Licht
und spüre genau, du verlässest mich nicht,

dieweil die Gemeinde ich segne,
und einst, wenn ich auffahr‘ ins himmlische Heil,
so kann ich getrost sein und freudevoll, weil
ich dir dorten endlich begegne!

Ich spende Vergessen dem ewig gejagten
Und schütte Verzeih‘n in das Herz seiner Jäger,
ich fülle mit Hoffnung den ewig verzagten
und schlage mit Blindheit und Pest seine Kläger.
Ich bin‘s, den die Tränen der Machtlosen rühren,
Der niemals sich wendet vor Not und Zerstörung
den Funken des Mutes stets hegen und schüren
will und den es schüttelt vor Gram und Empörung.

Ich schließe die Messe, vorbei der Sermon,
verspreche den Schäfchen den himmlischen Lohn
und zähle die Gaben im Stocke.
Ich weiß, ich bin wichtig, dem Herrn zum Genuss,
dem ich nur recht oft und viel Dank sagen muss
auf dass mich der Feind nicht verlocke,
der, ziegenbärtig und schlau wie ein Kind,
dem ehrlichen Christen zu schaden nur sinnt,
dem Vater im Himmel zur Rache,
doch ich bleibe standhaft und werde nicht toll,
auf dass ich nur Gottes Wort predigen soll,
so denke ich bei mir und lache.

Die, die meinen Namen eifrig künden,
seh ich niemals selber etwas geben,
und stattdessen emsig nur begründen,
dass sie selber nur gefällig leben.
Die, die viel zu wissen oft sich schmeicheln,
Nie zufrieden sind mit ihren Würden,
seh‘ ich ihre Bischofsketten streicheln,
so, als wären‘s zentnerschwere Bürden.

Ich bete ein letztes Mal knieend zum Herrn,
zu freveln an ihm, nein, das bleibe mir fern,
und dass er die Sünder zermalme
Es geh‘ ihnen übel, so sagt mein Gebet,
er mag sie verderben, ganz so, wie es steht
im hundertundvierzigsten Psalme.
Vertilge der Heiden entsetzliche Brut,
verstoße sie vollends, lass fließen ihr Blut,
die spotten den heiligen Namen.
Sei stets den Gerechten du Rüstung und Schild,
auf dass in den Herzen nie weiche dein Bild
für jetzt und in Ewigkeit – amen!

Ihr Menschen baut nur Kathedralen
und kümmert euch nicht um die Erde,
dass and’re den Schaden bezahlen
und euch nur kein Ärgernis werde.
Ja, wenn ihr mal selbst etwas tätet,
dann könnte noch viel mehr geschehen,
wenn ihr nicht nur stumm zu mir bätet –
Ach, könntet ihr das nur verstehen!

Rapunzel

Frau:
Ich bin vor Freude übervoll,
dass ich ein Kind bekommen soll.
Mann:
Ich weiß es wohl, man siehts genau,
aber was ist dir, liebe Frau?
Frau:
Ich sehe dort im Nachbargarten
So herrliche Rapunzeln steh'n.
Ich will auf sie nicht lange warten,
ach bitte, Mann, kannst du nicht rübergeh'n?
Mann:
Die alte Frau, die drüben wohnt,
die ist doch eine Zauberin.
Ich werde sicher nicht verschont,
wenn ich von ihr entdecket bin.
Frau:
Ich hungere so sehr danach,
es wäre neue Kraft für mich,
ich bin doch schwanger und so schwach,
zählt das denn gar nichts mehr für dich?
Mann:
Willst du denn keine Ruhe geben?
Du weißt, ich tue viel für dich,
aber ich habe nur dies Leben
und das ist sehr viel wert für mich.
Frau:
Du kannst wohl deinen Mann nicht stehn,
so muss ich denn zu Grunde gehn.

Mann:
Herr Gott, na schön, so lass das Lamentieren.
Ich wills für dich zur nächsten Nacht probieren.

Mann:
Die Hecke als die erste Hürde,
die wäre nun schon mal geschafft,
getragen hab ich von der Bürde
den ersten Teil der Körperkraft.
Jetzt heißt es langsam angeschlichen,
wie wenn ein Windhauch käm‘ gestrichen
und mit Beherztheit greif ich zu.
Nun rasch jetzt, umgehend zurück,
Rapunzeln für mein Weibesglück ...
Zauberin:
Halt, Elender, was denkst dir du?
Wolltest dir wohl Rapunzeln brechen,
schon allerhand, dass du das wagst
und mich nicht einmal höflich fragst.
Was ist dir denn? Kannst nicht mehr sprechen?
Mann:
Ach, liebe gute Zauberin,
ich tats, weil ich verzweifelt bin,
zum Wohle für mein armes Weib,
denn sie ist schwanger und beschwert,
weshalb sie viel Arznei begehrt
als Balsam für den kranken Leib.
Sie wollte gern Rapunzeln haben,
verlangte gar so sehr danach.
Sie ist schon ganz verstört und schwach,
da sollte sie sich dran erlaben.

Zauberin:
Ich kann dir die Rapunzeln lassen,
denn mir würde das auch gut passen.
Wenn deine Frau das Kind gebiert,
dann sollst du es mir geben.
Bei mir solls wie 'ne Tochter leben.
Wird die Bedingung akzeptiert,
so nimm dir mit, so viel du willst,
auf dass du ihr Verlangen stillst.
Jedoch wenn nicht, so muss sie sterben.
Das täte sie dann wegen dir.
Ich, Freundchen, überlegt es mir,
denn das wär ihr Verderben.
Mann:
Ist mein Los denn gar so schwer?
Ach bitte, zeig doch Gnade!
Die ganze Erde schenkt ich her,
nur nicht mein Kind gerade.
Zauberin:
Ich zwinge dich zu keiner Tat,
kannst völlig frei entscheiden.
Doch wenn mein Opfer Zweifel hat,
kann ich das gar nicht leiden.
Bedenke, dass, wenn du's mir gibst,
beider Leben gerettet sind.
Das der Frau, die du so liebst
Und das von deinem kleinen Kind.
Wenn du jetzt kehrtmachst und verzagst,
so sind sie beide tot.
Bedenk bei allem, was du wagst,
was ihrem Schicksal droht.

Mann:
Zwar tobt in mir die blanke Angst,
doch geb ich dir, was du verlangst.
Möge der Herrgott mir verzeih'n,
doch beide soll'n am Leben sein.

Frau:
Ich hör es klopfen an der Tür!
Mann:
Ach weh, mein liebes Weib, ich spür,
die Zauberin erwartet draußen
das Kind, das ich versprochen hab.
Es will mir heut noch tüchtig grausen,
dies Versprechen, das ich gab.
Zauberin:
Wann wird denn endlich aufgemacht?
Hier draußen tobt ein Sturm.
Ich steh allein in dunkler Nacht,
du jämmerlicher Wurm.
Doch sage mir, ist dir entfallen,
was du mir einst gelobet hast?
Dann soll der Tod dein Kind befallen.
Ich merk, wie es dich kalt erfasst.
Noch bist du stark und ungebrochen,
drum gib mir rasch dein Kindelein,
es wurde mir bei Gott versprochen,
nun fordere die Schuld ich ein!
Mann:
Nein, bitte, lass das Mädchen leben,
ich werde es dir auch gleich geben.
Doch, liebe Frau, hör auf zu weinen.
Ist es auch schmerzhaft, will mir scheinen,

dass ihr das Kleine etwas gilt.
Nicht wahr, Hexe? So ist es doch,
schätzt du des Kindes Leben hoch,
bist du gerecht zu ihm und mild?
Zauberin:
Ich will für eure Tochter sorgen,
wie eine Mutter will ich sein.
Bei mir ists heimlich und geborgen,
da wird's gemütlich mit uns zwei'n.
Rapunzel werde ich sie nennen
Als Andenken an deinen Schwur.
So werdet ihr sie fortan kennen
Unter diesem einen Namen nur.

Zauberin:
Komm, Rapunzel, in den Wald.
Bist nun genau zwölf Jahre alt.
Dein Haar ist wie gesponnen Gold,
du schönstes Kind unter der Sonne.
Du bist so lieblich und so hold,
brächtest manchem Jüngling Wonne.
In einen Turm will ich dich sperren,
ohne Treppen, ohne Türe,
auf dass dich niemand zu sich führe,
um dich von mir fortzuzerren.
Ein Fenster nur will ich dir lassen,
und hörest du mein Rufen dann,
sollst du dein Haar herunterlassen,
dass ich zu dir gelangen kann.
Rapunzel:
Frau Zauberin, oh Herrin mein,
dir werde ich gehorsam sein.

Rapunzel, singend:
In meinem hohen Turme, da ich gefangen bin,
da bringe ich die Tage in meinem Leben hin.
Ich sehne mich nach Weiten und nach der Freiheit sehr,
ach, wenn ich doch dort draußen und erst im Freien wär!
Doch muss ich mich begnügen
mit der Gefangenschaft,
muss mich ins Schicksal fügen
mit meiner ganzen Kraft.
Ich werde weiterleben, so, wies schon immer war
Und werde weiter singen, so manches lange Jahr.
Prinz:
Was dringt an meine Ohren? Welch herrlicher Gesang!
Nie hab ich dies vernommen, mein ganzes Leben lang!
Die wunderbare Stimme drängt sich mir in das Herz,
ich will ihr immer lauschen, in Freude oder Schmerz!
Aus dem großen Turme, da dringt sie zu mir her,
ach, sänge sie doch weiter, immer länger, immer mehr!
Doch was ist das? Die alte Frau geht zu dem Turme hin.
Was mag sie dort wohl suchen? Wie aufgeregt ich bin!
Zauberin:
Rapunzel, Rapunzel, lass mir dein Haar herunter!
Rapunzel:
Frau Zauberin, Frau Zauberin, seid Ihr es, die mich rief?
Ich lass mein Haar herunter, wohl 20 Ellen tief!
Prinz:
Ein langer Zopf sengt sich nach unten,
den Sonnenstrahlen nachempfunden,
mein ganzes Sinnen hängt daran!
Wozu kann uns die Liebe treiben?
Ich möchte wohl hier unten bleiben

Und sehen, ob ich das auch kann!

Prinz:
Nun ist es dunkel, die alte ist fort
Und ganz ohne Zaum ist mein Flehen.
Ich will nach ihr rufen, damit an den Ort
ich gelange, um sie zu sehen!
Rapunzel, Rapunzel, lass mir dein Haar herunter!
Rapunzel:
Frau Zauberin, Frau Zauberin, seid Ihr es, die mich rief?
Ich lass mein Haar herunter, wohl 20 Ellen tief!

Rapunzel:
Oh, junger Herr, wer mögt Ihr sein,
und warum dringt Ihr bei mir ein?
Und was mögt Ihr wohl hier wollen?
Ihr seid nicht schlecht, ich seh's genau
Und voller Achtung für die Frau,
so schön ist euer Ruf erschollen.
Prinz:
Ach liebes Mädchen, sei nicht bang.
Ich hörte deinen süßen Sang.
Er war es, der mich hergeführt
und hat mein Innerstes berührt.
In meinem Herzen tobt ein Sturm,
doch muss ich dich das fragen:
Willst mit mir fliehen aus dem Turm,
den Schritt ins Freie wagen?
Draußen vorm Walde steht ein Schloss,
und mir gehört die Königskron.
Auf meinem schönen stolzen Ross
führt ich dich heim zu meinem Thron.

Dir soll‘n gehören alle Gaben,
weil ich mein Herz dir anempfahl.
Sag, liebes Mädchen, willst mich haben
als deinen Gatten und Gemahl?
Rapunzel:
Von Herzen gerne ging ich mit,
doch etwas hindert diesen Schritt.
Du kannst an meinen Haaren raus
Und fortgehen ohne Sorgen,
doch ich kann eben nicht hinaus,
gut vor der Welt verborgen.
Prinz:
Mein liebes Kind, so weine nicht
und senke auch nicht deine Lider.
Ich kenne schon den Weg ans Licht.
An jedem Tage komm ich wieder
und bring dir ein Stück Seide.
Ein langes Seil sollst du draus machen,
dann werden wir der Alten lachen
dann scheint die Sonne für uns beide!
Rapunzel:
Das woll‘n wir tun, geliebter mein.
Mög‘ uns das Schicksal gnädig sein!

Zauberin:
Ich sehe, dass du lächelst und oft so fröhlich bist,
ist denn etwas geschehen, dass dir froh zumute ist?
Rapunzel:
Frau Zauberin, ich freu mich nur
der bunten Blumen wegen.
Sie blüh‘n so herrlich auf der Flur,
da muss mein Herz sich regen.

Zauberin:
Ist das auch wirklich alles, mein gutes, braves Kind?
Wag's nicht, es zu verbergen. Komm, sag es mir geschwind!
Rapunzel:
Frau Zauberin, ich schwöre Euch, ich will Euch nicht betrügen!
Ich bin so unschuldig und rein, ich kann doch gar nicht lügen.
Zauberin:
So, so. Dann ist's nicht von Belang,
dass ich den Prinz gesehen hab,
wie er sich aus dem Fenster schwang
an deinem blonden Haar herab?
Die Seide hab ich auch gesehen,
die er dir gegeben hat.
Du wolltest doch ein Seil draus drehen,
was er dir eingeflüstert hat.
Rapunzel:
Ich ...
Zauberin:
Du kleines Miststück, schweige still,
ich will nichts weiter hören!
Den Prinzen wolltest du betören,
doch ich weiß, was ich will.
Wenn ich dich nicht behalten kann,
dann soll dich niemand kriegen!
Wenn er dich wieder aufsucht, dann
soll mir dein Prinz erliegen!
Hier hab ich eine große Schere,
und schneide dir die Haare ab,
und wenn er dich zu seh'n begehre,
dann werf' ich ihn vom Turm herab!
Doch du, Rapunzel, bist verstoßen.

Geh fort, ich mag dich nicht mehr sehen!
Sollst viele Jahre lang mit bloßen
Füßen durch die Wälder gehen!

Prinz:
Rapunzel, liebes, hör mein Flehen,
magst du mich heute gar nicht sehen?
Dein Turm ist dunkel und verlassen,
als hätt‘ ein Fluch dich fort genommen.
Ach, ich kann es gar nicht fassen ...
Wie bin ich denn hinaufgekommen?
Ich rief nach dir wie schon so oft,
da kam dein Zopf zu mir herab,
ich habe so auf dich gehofft
wegen der Seide, die ich hab.
Zauberin:
Nun ist die schlimme Tat gestanden,
alle Beweise sind erbracht,
sie weilt schon weit in fernen Landen
und nun bin ich‘s, die Eurer lacht.
Die Katze sprang ihr ins Gesicht,
hat ihr die Augen ausgekratzt,
So lang du suchst, es hilft dir nicht,
hinfort ist sie, dein kleiner Schatz!
Prinz:
Du eklig teuflische Person,
du Biest in deiner Eifersucht!
Doch ist dies nun von Gott der Lohn,
so werde nun auch ich verflucht.
Aus dem Fenster will ich springen,
denn ohne sie kann ich nicht leben.
Hör ich denn niemals mehr ihr Singen,

so soll es auch nichts andres geben.
Zauberin:
Den Tod, mein Sohn, wirst du nicht finden,
dort unten siehst du eine Hecke
an deren Dornen wirst erblinden,
mein ehrenwerter junger Recke.
So wirst du viele Jahre wandern
und betteln auch als Vagabund.
Bist du dann alt, die Füße wund,
so wirst du lassen dein Mäandern.

Prinz:
Nun streif ich lang schon durch die Welt,
bin abgerissen und entstellt
und finde meine Ruhe nicht.
Kenn jeden Fluss und jeden Wald,
bin eine lachhafte Gestalt,
ohne Hoffnung und Augenlicht.
Ach, fänd' mich doch mein Freund der Tod
in meiner ach so großen Not,
mich von dem Leiden zu befreien.
Könnte ich sie noch einmal seh'n,
dann würde all mein Schmerz vergeh'n,
sie könnt mir neue Kraft verleihen.
Rapunzel, singend:
In diesem großen Walde, da ich verirret bin,
da bringe ich die Tage in meinem Leben hin.
Ich sehne mich nach meinem geliebten Prinzen sehr,
ach, wenn ich doch umfangen von seinen Armen wär!
Doch muss ich mich begnügen
mit meiner Einsamkeit,
muss mich ins Schicksal fügen.

So ist der Lauf der Zeit.
Ich werde weiterleben, so, wies schon immer war
Und werde weitersingen, so manches lange Jahr.
Prinz:
Was dringt an meine Ohren?
Welch herrlicher Gesang!
Ich glaubte sie verloren,
so viele Jahre lang.
Doch hier hör ich sie singen,
Rapunzel, meinen Traum.
Trotz all der Schicksalsklingen –
mein Gott, ich glaub es kaum!
Rapunzel, liebe Blume mein,
halt ein die schweren Lieder.
Wir glaubten schon, es sollt nicht sein,
doch sieh, da bin ich wieder!
Rapunzel:
Ists möglich, trügt mein Auge nicht?
Doch nein, dies ist dein lieb Gesicht!
Wie hat man dir nur mitgespielt? Ich sehe deine Wunden.
Der Glanz in deinen Augen ist auch ganz und gar verschwunden.
Prinz:
Deine Tränen, liebste, fühl
ich heiß auf meiner Haut.
Deine Hände sind so kühl
und deine Stimme so vertraut.
Doch ich spür, es wird erhört mein Flehen
und es lichtet sich die Nacht.
Endlich kann ich wieder sehen
all die bunte Farbenpracht!

Ach, mein Liebes, deine Tränen haben mir das Licht geschenkt
Und hohe Mächte haben meine Schritte hin zu dir gelenkt.
Rapunzel:
Von nun an soll das Glück regieren,
denn zwischen uns besteht ein Band.
Zwei Ringe sollen fortan zieren
die deine und auch meine Hand.

Deutsche Eiche

Dir gilt, du Königin der mächt'gen Bäume,
heut' meiner Sorge stets der allergrößte Teil,
denn du verkörperst viele alte Träume
von einem Endsieg und von ew'gem deutschen Heil.
Dabei bist du doch so viel mehr gewesen,
warst uns ein Kleinod, unvergleichlich lieb,
kann man doch schon bei Heinrich Heine lesen,
der ja vor fast 200 Jahren schrieb,
dass ihm das Herz voller Erwartung schneller jagte
unter deinem immergrünen Blätterdach,
weshalb er auch nicht oft an dich zu denken wagte
und, wenn er's doch tat, voller Wehmut von dir sprach.

Doch dann, nicht einmal hundert Jahre später,
brachte dein Volk sich selbst um den Verstand,
wurde millionenfach sich selber ein Verräter,
hat seine besten Bücher, Menschen und auch dich ver-
brannt.
Braun hast du dich gefärbt und deine Krone
hat eine schwarze Wolke über alle Welt gesandt,
und ganze Völker unterjochten sie zum Frone
für ihr eig'nes, unschuldiges Vaterland.
Du musstest brennen, alte deutsche Eiche,
wurdest geschändet für einen frevlerischen Plan
von einem deutschen tausendjähr'gen Reiche,
der doch nichts war als dumpfer Größenwahn.

Du konntest seither viele Wunden schließen
und dich erneuern, wenn auch teils mehr schlecht als recht,
doch die, die gern auf andrer Länder Menschen schießen,
die treiben heute wieder alle zum Gefecht
und lassen wieder ihre alten deutschen Messer blitzen,
die wir verwachsen wähnten unter jungem Holz,
und wollen nun in deine Rinde Hakenkreuze ritzen,
fühl'n immer noch denselben dummen deutschen Stolz
auf etwas, was sie doch niemals besaßen,
auf irgendeine Einzigartigkeit,
und was diese Idioten dabei ganz vergaßen,
das ist von Deutschen ausgelöstes Leid.

Soll'n wir darum an deinem Stamme sägen
Und das vernichten, was das Land repräsentiert,
und dann mit grimmen, hasserfüllten Schlägen
zerhacken, wonach uns're eig'ne Rachsucht giert?
Ich meine nein, denn du bist doch eine Pflanze,
und dicht an deinen Wurzeln ist's so still.
Erinnern wir uns drum im Blättertanze
an das, was uns dein Rauschen sagen will,
dass wir nur stark sind, wenn wir frei und einig bleiben
und nichts bewegen, wenn wir so werden wie sie,
die stets einander nur zum Hasse treiben
und nicht achten auf des Windes Melodie.

Drum lassen wir die Wurzeln weiter schweifen
Und schlagen sie hinein ins Erdenrund,
doch nicht, um and're Bäume anzugreifen,
sondern ein Friedensbaum zu sein ab dieser Stund'.
Mit ander'n Bäumen woll'n wir uns verweben,
ein Netzwerk sein, aus Einigkeit gewirkt

und den Verzagten neue Hoffnung geben,
wenn sie sich auch noch so behänd verbirgt.
Ein grünes Blätterdach der Welt als ew'ges Zeichen,
dass kein Nationalismus uns mehr lenkt,
und keine Angst mehr sprießt als Keim aus deutschen Ei-
chen
und dass nun niemand mehr die Reichskriegsflagge
schwenkt!

Abendspaziergang

Das Gras im Abendwinde nickt,
die Frösche balzen.
Der Duft vom Fluss herauf erquickt,
die Amseln schnalzen.
Ich geh so träumend vor mich hin,
bin ganz ergeben,
such nicht nach Leitfaden und Sinn,
will nur erleben.

Kaum jemand kommt um diese Zeit
mir noch entgegen.
Es liegt ein Hauch von Einsamkeit
auf meinen Wegen.
Beseelt kann ich den Weg zurück
ins Leben ahnen.
Aus großem Schmerz zu kleinem Glück
Mir wieder bahnen.

Die Pferde auf der Koppel scharr'n
mit ihren Hufen.
Die Heuschrecken im Dunkeln knarr'n,
Waldkäuze rufen.
Und da, aus weiter Ferne zieht
wie traumverloren
der Nachtigallen süßes Lied
in meine Ohren.

Da singen sich gleich dreie an,
im Busch verborgen,
und schlagen mich in ihren Bann
mit ihren Sorgen.
Wie aus der Zeit gefallen klingt
ihr zartes Werben,
als wollte jedes, das da singt,
vor Rührung sterben.

Mit ihrem Tandaradadei
woll'n sie mich fassen,
als wenn's ein Zeichen an mich sei,
doch loszulassen
die ewiggleiche Fragenflut,
den Teufelskreise,
der alten Angst, der alten Wut
vertraute Weise.

Wie fehl an Platze wirken hier
solch sanfte Töne.
Wie weh um meinen Sinn wird mir,
denn dieses Schöne
wird oft vom Menschen kaum geschätzt
und nicht geachtet,
weil er den Augenblick, das Jetzt,
nicht gern betrachtet.

Ich aber, allem Zwang entrückt,
dem Gram entschwunden
und in mir drinnen tief beglückt,
will nicht erkunden
der großen Welt verwirrten Sinn

und ihre Schrecken,
kann ich doch in mir, wer ich bin,
grad neu entdecken.

Ist's Gott, der uns im Aug' behält
in seiner Gnade?
Steuert Fortuna diese Welt
mit ihrem Rade?
Es liegt mir nun nichts mehr daran,
denn ich bin inne:
Wer solche Wunder schaffen kann,
hat edle Sinne.

Und während ich, nun müd' und schwach,
nach Hause gehe,
klingt mir das Lied im Ohr noch nach
und ich verstehe:
Ist's Schicksal, welchen Weg man nimmt,
ist es zufällig?
Heut' bin gelinde ich gestimmt
und ganz einhellig.

Wenn

Wenn ich einmal nicht mehr stutze,
wenn von deutschem Schutz und Trutze
ich sie schwadronieren höre
und mich nicht mehr daran störe,
wenn sie auf den Führer trinken,
wenn sie mir mal nicht mehr stinken,
die noch in Zigeunia leben,
und sich wieder neu erheben,
dann dürft ihr mich gern ermorden,
denn ich bin verrückt geworden!

Wenn ich einmal ignoriere
das Geschrei gequälter Tiere,
wenn Fasan und Bekassine,
Eichenbock und Honigbiene,
Schwalbenschwanz und Wanderfalke,
Unglückshäher und Tordalke,
mich nicht weiter mehr bekümmern,
zähl ich längst schon zu den Dümmer'n,
keine Tasse mehr im Schranke,
drum erschießt mich bitte – danke!

Fang ich einst an nachzuplappern,
all das dumpfe Worteklappern
wie der Krieg doch nötig wäre,
weil er Frieden uns beschere,
droh ich einmal zu vergessen,
dass Kriegstreiberinteressen
und der Mensch sich nicht bedingen,
sondern sich nur Unglück bringen,

will ich, dass die, die mich lieben,
mich zur Taliban abschieben!

Streb ich einst nach großen Häusern,
fang an, dafür duckzumäusern,
lüg mit schokoweichem Munde
in so manch illustre Runde
ich mich ein und lass mich wählen
mit Paraden und Chorälen
zu manch trefflich hohem Amte,
das ich einst so sehr verdammte,
habt ihr sicher viel zu lachen,
denn ihr dürft mich mundtot machen!

Das mag sicher hart euch scheinen
Und ihr möget etwa meinen,
wenn ich hier vom Töten quatsche,
hätt‘ ich jetzt schon eine Klatsche.
Vielleicht habt ihr mit eurem Hoffen
Den Nagel auf den Kopf getroffen,
meine Socken sind zerschossen
und mein Hirn euch längst verschlossen.
Aber das muss offen bleiben,
denn noch darf ich weiterschreiben.

Die Befreite

Schon sang ein dunkles Vorgefühl,
vom Wind herbeigepfiffen,
der sauste durch das Chorgestühl,
in allen Kirchenschiffen.
Mit einer wächs'nern Kerze schlich
aus Lust am Unbekannten,
in einer Vollmondstunde ich
trotz dass sie Tor mich nannten,
in jener Kirche düst're Gruft,
woraus nachts Schreie drangen,
und trotzte jahrealter Luft,
um Klarheit zu erlangen.

Ich forschte eine gute Weil'
in Gräbern, Mausoleen,
doch trotz der frohgemuten Eil'
bekam ich nichts zu sehen.
Schon wähnte ich enttäuscht dies Ding
für heute unverrichtet,
und wandte mich zum geh'n, da ging,
wie dafür ausgerichtet,
der teuren Kerze licht mir aus,
als wär's eine Verneinung,
da trat, wie aus der Luft heraus
gebor'n, eine Erscheinung.

Die Fremde zählte sicher nicht
mal ganze 20 Jahre,
hatte ein liebliches Gesicht
und rabenschwarze Haare.

Sie sah mich an mit einem Blick
von ach so großer Trauer
Und ich, den rührte ihr Geschick,
blieb still auf meiner Lauer.
„Ich danke dir“, sprach schließlich sie
Mit leisem, fernem Klange,
„Von allen mut’gen Menschen nie
blieb einer hier, so lange!“

Dann ließ sie eine kleine Zeit
mit bangem Blick verstreichen,
doch wäre es mir auch zum Leid,
ich wollte doch nicht weichen.
Mir schien, als könne sie noch nicht
zur Gänz‘ das Glück umschließen,
dass ich nicht floh zurück ins Licht,
und wollt‘ es doch genießen.
„Ich bin“, sprach endlich sie, „ein Geist,
das solltest du wohl wissen,
der ausschließlich das Dunkel preist
als weiches Ruhekissen!“

„Wie kommt es aber, schönes Kind“,
sprach ich mit viel Bewegung,
denn in mein Herz stahl sich geschwind
des Mitleids tiefe Regung,
„dass du hier einsam bist und gram,
von aller Welt verlassen,
und blickst doch gar so wundersam?“
„Ein jeder muss mich hassen“,
sprach sie mit tiefempfund’ner Pein,
„denn seit 400 Jahren

Muss ich in diesen Mauern schrei'n,
darf nicht gen Himmel fahren!“

„Als ich noch lebte“, fuhr sie fort
mit kaum merklichem Weinen,
„da stand ich einst an diesem Ort
mit bänglich schwachen Beinen,
denn einem jungen Manne wart
ich in die Hand versprochen;
Ich liebt‘ ihn nicht, doch wurde hart
mein Wille einst gebrochen.
Ich nahm ein Gift und starb daran,
gerade vorm Altare,
was ich niemals vergessen kann,
trotz jener vielen Jahre!“

„Und so es dann gekommen ist“,
sprach sanft ich im Begreifen,
„dass du dazu verurteilt bist,
hier ewiglich zu schweifen!
Doch sag mir, wenn du es denn weißt,
wann endiget die Buße,
bist du nicht länger nur ein Geist?
Das sag mir auf dem Fuße!“
„Wenn einer“, sprach sie sehnsüchtig,
„durch lieb‘ mich wollt‘ erlösen,
dann, weiß ich sicher, wäre ich
befreit von allem Bösen.“

„So will ich denn“, sprach ich zu ihr,
und warm wart mir im Herzen,
„ein gut Gefährte werden dir
in Freuden und in Schmerzen!
Zu Ende sei dein großes Leid,
die vielen schlimmen Stunden,
denn eine frohe Lebenszeit
heilt nunmehr deine Wunden!“
Da hellte sich, wie wenn das Licht
des Mondes in ihr schiene,
ihr liebreizendes Angesicht –
fort wart die Trauermine.

Ein morgentliches Nachgefühl,
wie friedliches Erwachen
strich sachte durch das Dachgestühl,
fort alles dumpfe Krachen,
alles Gestöhne und Geschrei,
als wenn es nie gewesen
und darum nie geschehen sei.
nun endlich kann genesen
das dauernswerte Geisterkind,
die endlich nun befreite,
nun scheint die Sonne ihr gelind‘
und mir an ihrer Seite.

Nachwort – Krieg ist Krieg – oder?

Und es ging heraus ein anderes Pferd, das war rot. Und dem, der daraufsaß, ward gegeben, den Frieden zu nehmen von der Erde und daß sie sich untereinander erwürgten; und ward ihm ein großes Schwert gegeben.
Offenbarung des Johannes, Kapitel 6, Vers 4

Dieses Nachwort entsteht zu einer Zeit, da der Krieg es mit all seinen Schrecken und seinem Irrsinn wieder bis nach Europa geschafft hat und niemand die Folgen für die Menschheit absehen kann, die sich so lange in der absoluten Gewissheit befand, mittlerweile genügend Reife zu besitzen, mit Argumenten einem solchen Ernstfall begegnen zu können. Wir können es nicht! Natürlich muss ich bis zu einem gewissen Grad an die Macht des Wortes glauben, weil ich sonst kein Dichter geworden wäre und mich zu jenen gesellen könnte, die ganz aufgegeben haben, irgendetwas verändern zu wollen. Natürlich muss ich als Dichter Utopien im Kopf haben, aber in meinem Gedicht „Krähenjunges“ (erschienen im Buch „Beutelwolf und Wandertaube“) kommt im Gegensatz dazu meine große Hoffnungslosigkeit zum Ausdruck. Freilich können wir alle viele Lieder und Gedichte schreiben, auf die Dummheit der Menschen schimpfen und unsere eigenen Hände dabei mehr oder weniger in Unschuld waschen, aber dadurch wird sich der Wurzel des Problems nicht einmal angenähert. Erstens ist das zu sperrig für ein Gedicht oder Lied und zweitens käme man dann aus dem Infragestellen von allem und jedem gar nicht mehr heraus. Dieser Laptop beispielsweise, an dem ich dieses Nachwort tippe, ist letztlich ein Resultat aus der Verkettung vieler Umstände, von denen ich, mache ich sie mir bewusst, durchaus nicht gern profitiere. Hätte es diese zerstörerischen zwei Weltkriege nicht gegeben, hätte es in den darauffolgenden Jahrzehnten nicht zu einer so engen Bindung zwischen Deutschland und den USA kommen können, woher dieser Laptop ja stammt. Hätte es die erschütternden Indianerkriege nicht gegeben, wären die USA nie zu einer solchen Weltmacht geworden, die derlei Hilfsmittel herzustellen in der Lage ist. Wenn man länger darüber nachdenkt, verdankt unser Land, verdanken alle Länder letzten Endes ihre heutige Gestalt gewaltigen Umwälzungen, die stets einen Strom aus Leichen zur Folge hatten. Ist deshalb das alte oben zitierte Bibelwort tatsächlich eine Art Gesetz, wonach ein Lebewesen ein anderes abzuschlachten hat? Würde ich vorbehaltlos daran glauben, gäbe es zweifelsohne das Gedicht „Durch den Kopf mit der Wand“ nicht, aber von der Hand weisen kann ich es nach der prinzipiellen Anerkennung eines Grundsatzkonflikts in der Welt auch nicht mehr.

„Ja, auch dich“, heißt es im Refrain von Hannes Waders Lied „Es ist an der Zeit“, „haben sie schon genauso belogen, so, wie sie es mit uns auch heute noch tun.“ Er führt diesen inneren Monolog mit einem gefallenen Soldaten des ersten Weltkriegs, der für diese unfassbare düstere Utopie einer besseren Welt durch Gewalt sein Leben gegeben hat. Viele Male habe ich mit Inbrunst zur Gitarre dieses Lied gesungen, habe in mir eine Wut auf alle Kriegsminister dieser Welt verspürt, die anderen Menschen einreden können, durch die Anwendung von Gewalt sei auch nur ein Quäntchen für die Welt gewonnen. Doch obgleich ich von der Wahrheit dieser Worte nach wie vor überzeugt bin, bin ich doch inzwischen noch einem weiteren Aspekt der Wahrheit auf der Spur. Wie oft glauben wir nicht selbst diesen Lügen, eine andere Partei sei ausnahmslos schlecht und müsse für ein höheres Ziel ausgerottet werden? Wie oft finden wir nicht in Fantasyromanen eine Partei der Guten, die eigentlich überhaupt nicht kämpfen will, aber durch die skrupellose Bereitschaft der Bösen dazu gezwungen wird? Die Fantasyliteratur wurzelt bekanntermaßen in jahrtausendealter Heldendichtung, wo es immer wieder grausame, feuerspeiende Drachen oder sonstige klar erkennbare Bösewichte sind, die gegen strahlende und blonde Helden unterliegen müssen. Paradoxerweise haben viele Autoren von Fantasyliteratur diesen Trend fortgesetzt, obgleich sie selbst Pazifisten oder zumindest keine eindeutigen Kriegstreiber sind. Immer wieder schreiben Menschen, die es für das wirkliche Leben längst besser wissen, derart geschickt und fesselnd, dass auch wir Leser plötzlich uns nichts mehr als die Vernichtung der gegnerischen Partei wünschen, weil ihr typisch böse Attribute gegeben wurden, die mit unserem Weltbild nicht vereinbar sind. Ich wäre gespannt auf einen Roman, der beispielsweise den Herrn der Ringe ohne jegliche magische Elemente erzählt und nur schildert, wie die beiden Parteien in den so episch geschilderten Schlachten aufeinander einschlagen. Die Menschen aus Minas Tirith und Rohan würden dann nicht länger gegen hässliche, schlitzäugige Orks, sondern andere Menschen kämpfen, die sich durch nichts von ihnen unterscheiden. Ich bin sicher, ich und viele andere würden nicht mehr so mitgerissen von den Bildern von Blut und Zerstörung, die Tolkien so meisterlich zu malen verstand. Selbst in den Romanen, in denen wirklich Menschen gegen Menschen kämpfen, stehen die Gegner doch in Diensten einer höheren Macht, die ausschließlich das Ziel der Zerstörung verfolgt. Genau mit solchen Hetzreden gegen die andere Seite haben in der Geschichte immer wieder Kriegsherren ihre Untertanen auf den Krieg eingeschworen, genau solche nicht existenten Unterschiede wurden dutzendfach zwischen Menschengeschwistern gezogen. Und wenn ich nun einerseits begeistert Gandalfs Plänen für einen Sieg über Saurons Truppen lausche und mich davon hinreißen lasse, angestachelt vom gemeinsamen Wunsch nach Tod und Vernichtung, wie wahrscheinlich ist es dann, dass ich für derlei Aufrufe in der wirklichen Welt unempfänglich bliebe? Mit meinen Werten, auch wenn es nur im Buch geschieht, ist ein Krieg offensichtlich nicht unter allen Umständen unvereinbar. Warum studiere ich immer noch mit derselben Akribie wie stets die Bücherlisten nach neuen Fantasyromanen? Warum ist dieses Genre nach wie vor noch das, was mich an moderner Literatur am meisten inspiriert und fesselt? Die Romanreihe Shadowmarch von Tad Williams beispielsweise ist ein Werk, das von Blut nur so trieft und aus dem die grausamsten Gestalten in meinen Geist spaziert kommen. Dennoch könnte ich sie immer wieder lesen, ja geradezu verschlingen, da sie wunderschön geschrieben und nach wie vor eine große Inspirationsquelle für mich ist. Einerseits ist Fantasy mehr als die Kriege, die, der Tradition der alten Heldenepen folgend, beinahe schon obligatorisch sind, und zweitens brauche ich, so niederschmetternd diese Erkenntnis auch sein mag, wohl manchmal die Illusion, die feindliche Partei leicht unterscheiden und bedenkenlos abschlachten zu können. Vielleicht kämpfen ja die, die im Leben eigentlich große Pazifisten sind, aber an keinem neuen Fantasybuch vorbeigehen können, beim Lesen gegen ihren inneren Feind ihre eigene innere Bosheit. Ich kann mich erinnern, dutzende Male beim Tod besonders unangenehmer Gestalten selbst eine Genugtuung empfunden zu haben, die durchaus nicht ein Teil meiner Persönlichkeit ist, dessen ich mir ständig bewusst wäre. Halten wir also fest, dass der Krieg von alters her in uns wohnt und dass wir nicht wissen können, wodurch dieser Keim möglicherweise dazu gebracht werden könnte, in uns aufzugehen.

Freiheit, Individualismus, Grundskepsis, Unverfrorenheit sind Werte, die mir noch heute als elementar gelten, um ein

Leben mit weniger inneren Konflikten zu führen, ein Leben, an dessen Ende ich mir ohne Scham werde ins Gesicht schauen können. Bis heute sind dies meine Grundwerte und ich arbeite, auch um mittels eines Lebens mit weniger inneren Konflikten auch für etwas mehr äußeren Frieden zu sorgen. Inmitten des Schutzes dieses glücklicherweise noch recht freien Landes kann ich mir sagen, jeden dieser Werte kompromisslos verteidigen zu wollen und Werten wie Sicherheit stets eine Absage erteilen zu können. Doch ohne Zweifel wird kein Weg konsequent verfolgt. Immer wieder höre ich von ausländischen Flüchtlingen, dass Dinge wie Sicherheit bei ihnen deutlich höhere Priorität haben und sie hierfür gern auf die Redefreiheit verzichten würden. Aus Dankbarkeit gegenüber diesem Land, dass sie so gastlich aufgenommen hat, wollen sie seine Nachteile gern in Kauf nehmen, um ohne Angst leben zu können. Kann ich nun, der niemals Krieg erlebt hat und leicht sagen kann, er würde auch in Kriegszeiten bei seinen Werten bleiben, der alles schreiben und sagen darf, ohne dafür mit Repressalien rechnen zu müssen, den Werten derer widersprechen, welche derlei Erfahrungen bereits gemacht haben, die um Leib und Leben bangen mussten und froh sein müssen, in den entscheidenden Momenten die Klappe gehalten und die eigene Existenz gerettet zu haben? Jedenfalls kann ich nicht guten Gewissens behaupten, mich mit meinen Gedichten für diese Menschen einzusetzen, wenn ich dann nicht akzeptiere, dass meine Werte kein ungeteilt positives Echo finden. Es sind nicht nur die feindlichen Kriegstreiber, die bösen, für mein Empfinden von Grund auf abzulehnenden Elemente, welche nicht mittun, wenn ein lauter Ruf durch das Land schallt: „Nie wieder Krieg!“ Wer bei uns guten Gewissens diesen Satz ausspricht, eingedenk der Schrecken, die durch deutsche Waffen und Soldaten auf der ganzen Welt verbreitet wurden, hat ebenso Recht wie derjenige, der aus einem von Krieg und Machtmissbrauch zerrütteten Land hier her geflohen ist und für den sich die Frage, ob man mit Waffengewalt gegen die Peiniger seines Landes vorgehen müsse, gar nicht erst stellt, sondern wann man es denn endlich tun wird. Wenn ein solcher Flüchtling in diesem „Nie wieder Krieg!“ lediglich die Botschaft hört: „Nie werden wir dein Land befreien, denn wir sind ja Pazifisten“, habe ich als überzeugter Pazifist nicht das Recht, diesem von Angst und Verzweiflung verstörten Menschen meine Ansicht einer konfliktfreien Lösung aufzudrängen, denn der Konflikt ist von je her ein fester Bestandteil seiner Erlebniswelt.

Was lässt sich mithin aus alldem ableiten? Ich persönlich ziehe die Lehre, dass es gut und richtig ist, mit lauter Stimme gegen jegliche Art von Unrecht anzugehen, aber nicht um jeden Preis. Manchmal sind es, müssen es gerade die leisen Töne sein, die in die Herzen der Menschen dringen und sie zum Nachdenken bewegen. In manchen Momenten ist es sinnvoller, das Wertegebäude anderer Menschen nicht mit einem großen verbalen Schlag in Trümmer zu hauen, sondern eher eine helfende Hand für einen allmählichen Umbau mit anzulegen. Insofern hoffe ich, dass ich in Zukunft entgegen des Klischees des politischen Lyrikers auch ab und zu in die Lage kommen werde, einige gute Haare an den Dingen zu lassen und die Versöhnlichkeit, die ja für ein Leben in Frieden entscheidend ist, auch selbst an den Tag legen kann.

Christoph Cornehl
Marburg, April 2023

Fußnoten

Am Teiche:
Itschen – altertümliche Bezeichnung für „Kröten“, die in mehreren Grimm'schen Märchen Verwendung findet und derer ich mich hier nicht entziehen konnte.
Schnaken - Insektenfamilie aus der
Ordnung der Zweiflügler (12)

Frühlingsrauschen:
Sylphe – in verschiedenen Mythenkreisen wiederkehrende Bezeichnung für einen Luftgeist.
Kleiner Fuchs – Ein kleiner Schmetterling aus der Familie der Edelfalter (25)

Lob der Feldflur:
Ammergesang – Umgangssprachlich wird der Gesang einer Goldammer auch mit „wie wie wie hab‘ ich dich lieb“ umschrieben. (34)

Gebet an Eos:
Eos – Griechische Göttin der Morgenröte, Gegenstück zur römischen Aurora.
Helios – Sonnengott in der griechischen Mythologie und Bruder von Eos und der
Mondgöttin Selene (36)

Der brave Herr Hoffmann
Heinrich Hoffmann – 1809-1894, Frankfurter Kinderpsychiater und Lyriker, Autor des Struwwelpeter (1844). (44)
Einstens saßen um ein Feuer

Wilde Jagd – ein weitverbreiteter europäischer Mythos von anderweltlichen Jägern, die, besonders gern an hohen christlichen Feiertagen wie den Raunächten oder Karfreitag, am Firmament entlangjagen. (47)

Nott – Pechschwarze Riesin und Inkarnation der Nacht in der nordischen Mythologie. (47)

Hel – Tochter des Halbriesen Loki, nordische Göttin der Unterwelt und Wächterin über die Toten. (48)

Der Pfarrer und der Herr
Psalm 140, Vers 11
„Er möge feurige Kohlen über sie schütten; er möge sie stürzen in Gruben, dass sie nicht mehr aufstehen."
Brevier – Stundenbuch der katholischen
Kirche (58)

Deutsche Eiche
1844 schrieb Heinrich Heine in Caput 1 seines Versepos
Deutschland. Ein Wintermärchen
Und als ich an die Grenze kam,
Da fühlt ich ein stärkeres Klopfen
In meiner Brust, ich glaube sogar
Die Augen begunnen zu tropfen. (74)